RECETAS DE ENSALADAS SUPERFACILES 2021

MUCHAS RECETAS PARA SER MÁS SALUDABLE

LAURA FERNANDEZ

Tabla de contenido

4

Ensalada cremosa y crujiente

Ingredientes

Una taza de mayonesa

2 cucharadas. Vinagre de cidra

1 cucharadita Semillas de alcaravea

1 cabeza de coles, ralladas

2 cebolletas picadas

2 manzanas verdes, cortadas en rodajas

1 taza de tocino

Sal y pimienta para probar

Método

La mayonesa se mezcla con las semillas de alcaravea y el vinagre de sidra.

Cuando esté bien mezclado, mezcle la mezcla con las coles finamente

picadas, la cebolleta, las manzanas verdes y el tocino cocido. Ahora mezcle

bien los ingredientes y luego sazone al gusto, si es necesario agregue sal y

pimienta al gusto y luego reserve por un tiempo antes de servir.

¡¡Disfrutar!!

Ensalada de tocino bistro

Ingredientes

1 taza de tocino

2 cucharadas. Vinagre de cidra

1 cucharadita mostaza de Dijon

Aceite de oliva

1 manojo de lechugas verdes

Sal y pimienta para probar

1 huevo escalfado

Método

Primero se fríen los tocinos y luego se pican los tocinos fritos. Ahora mezcle el vinagre de sidra, la mostaza de Dijon, el aceite de oliva, la sal y la pimienta en un bol. Después de mezclar todos estos ingredientes correctamente, mezcle esta mezcla con las verduras de mezclum. Luego cubra la ensalada con el tocino picado y el huevo escalfado.

¡¡Disfrutar!!

Ensalada de atún al curry

Ingredientes

1 cucharadita polvo de curry

Aceite vegetal

½ taza Una taza de mayonesa

Jugo de lima

Una lata de atun

2 cebollas moradas, cortadas en rodajas

1 manojo de cilantro

10-12 pasas doradas

Sal y pimienta para probar

Método

El curry en polvo debe tostarse en el aceite vegetal y luego dejarlo a un lado

para que se enfríe. Ahora lleva la mayonesa, el jugo de lima, la sal y la

pimienta a un bol y mézclalos bien. Ahora toma el polvo tostado y esta

mezcla y mézclalo con la melodía de lata, el cilantro, las cebollas rojas y las

pasas. Mezclar bien y luego servir la deliciosa e interesante ensalada al

gusto.

¡¡Disfrutar!!

Ensalada de arándanos y espinacas

Ingredientes

½ taza de mantequilla

Menos de una taza de almendras blanqueadas

Una libra de espinaca picada en trozos

Una taza de arándanos, secos

1 cucharadita Semillas de sésamo tostadas

1 cucharadita Semillas de amapola

1/2 taza de azúcar blanca

1 cebolla picada

1 cucharadita Pimenton

Aproximadamente 1/2 taza de vinagre de vino blanco

Vinagre de cidra

1/2 taza de aceite vegetal

Método

En una sartén, derrita la mantequilla en el aceite a fuego lento y luego

mezcle las almendras y tueste. Y cuando esté tostado, déjelo enfriar un rato.

Ahora coge otro bol mediano, mezcla las semillas de sésamo, las semillas de

amapola, el azúcar, la cebolla, con el vinagre de vino blanco, el vinagre de

sidra y el aceite. Luego mezcla esta mezcla con las espinacas y finalmente

échala en el bol de almendras tostadas y los arándanos secos. Entonces la

ensalada está lista para servir.

¡¡Disfrutar!!

Ensalada de espinacas bermudas

Ingredientes

5-6 huevos

1/2 libra de tocino

Aproximadamente dos libras de espinacas finamente picadas

3 picatostes

1 taza de champiñones

1 cebolla

Una taza de azucar blanca

Aceite vegetal

1 cucharadita Pimienta negra molida

Semillas de apio

1 cucharadita mostaza de Dijon

Método

Lleve los huevos a una sartén y cubra la sartén completamente con agua fría

y luego hierva el agua, y luego deje que el huevo se asiente en el agua, así

que deje la sartén a un lado y enfríe. Cuando los huevos estén fríos, pelarlos

y picarlos. Ahora lleva los tocinos a una sartén y cocínalos hasta que estén

dorados. Después de cocinarlos, escurrirlos. Ahora coge el resto de los

ingredientes y mézclalo bien. Cuando se mezcla bien, la ensalada está lista

para servir.

¡¡Disfrutar!!

Ensalada de espinacas y champiñones

Ingredientes

1 libra de tocino, cortado en rodajas

3 huevos

1 cucharadita azucar blanca

2-3 cucharadas de agua

2 cucharadas. de vinagre de sidra

Una libra de espinacas

Sal

Aproximadamente una libra de champiñones, cortados en rodajas

Método

Toma una sartén grande y cocina las rodajas de tocino en aceite a fuego medio. Cuando el tocino se dore, desmenuza y déjalo a un lado y al mismo tiempo se reserva la grasa del tocino. Ahora lleve los huevos a la sartén y cúbralos con agua y luego lleve el agua a hervir. Después de sacar los huevos y enfriar, luego pelar y cortar los huevos en gajos. Ahora lleva el azúcar, el agua, el vinagre y la sal a la sartén con la grasa de tocino y caliéntalos bien. Ahora lleva todos los ingredientes con las espinacas a un bol grande, mézclalos y así la deliciosa ensalada está lista para ser servida.

¡¡Disfrutar!!

Ensalada de espinacas marchitas

Ingredientes

3 huevos

Una libra de tocino, en rodajas

Manojo de espinacas, limpias y secas

Sobre una taza de azucar

1/2 taza de vinagre blanco

Una taza de vinagre de vino tinto

3 cebollas verdes

Método

Lleva los huevos a una sartén y cúbrelos con suficiente agua fría y luego lleva el agua a hervir, tapando la sartén. Cuando los huevos estén listos, déjelos enfriar y luego pele y corte los huevos en rodajas o gajos. Ahora lleva los tocinos a la sartén y cocínalos a fuego lento. Cuando los tocinos estén dorados, transfiéralos a un tazón grande con las espinacas y las cebollas verdes. Vierte la grasa de tocino y el resto de ingredientes en el bol, mezcla bien y luego la ensalada está lista para servir.

¡¡Disfrutar!!

Ensalada de coles de Bruselas, tocino y espinacas

Ingredientes

6-7 rebanadas de tocino

2 tazas de coles de Bruselas

1 cucharadita Semillas de alcaravea

2 cucharadas. Aceite vegetal

2 cucharadas. vinagre de vino blanco

1/2 libra de espinacas, picadas, enjuagadas y secas

Método

El tocino se lleva a una sartén y se cocina a fuego medio, hasta que el tocino se dore. Después de que esté cocido, desmenuza y luego déjalos a un lado. Ahora los brotes se deben cocer al vapor hasta que se ablanden. En la grasa de tocino restante de la sartén, agregue los brotes con las semillas de alcaravea y revuélvalos durante uno o dos minutos hasta que estén tiernos. Ahora lleva todos los ingredientes junto con el tocino, las espinacas a un bol y luego mezcla bien. Cuando se mezcla bien, la deliciosa ensalada está lista para servir.

¡¡Disfrutar!!

Ensalada de brócoli

Ingredientes

1 taza de mayonesa baja en grasa

2 cabezas de brócoli, frescas, cortadas en trozos

1/2 taza de cebolla morada finamente picada

1/2 taza de pasas

2 cucharadas. vinagre de vino blanco

1 cucharadita Azúcar blanco 1 taza de pipas de girasol

Método

Lleva los tocinos a una sartén y cocínalos a fuego medio, hasta que se doren.

Luego escurre los tocinos y déjalos a un lado. Ahora lleva todos los

ingredientes a un bol, junto con el tocino cocido y mézclalos bien. Cuando

estén mezclados, refrigérelos durante una hora o dos y luego sírvalos fríos.

¡¡Disfrutar!!

Ensalada De La Cosecha

Ingredientes

1/2 taza de nueces picadas

1 manojo de espinacas, limpias y partidas en bocados

1/2 taza de arándanos

1/2 taza de queso azul, rallado o desmenuzado

2 tomates, sin semillas y picados

1 aguacate, pelado y cortado en dados

2 cucharadas. vinagre de vino tinto

2 cucharadas. Mermelada de frambuesa roja

1 taza de aceite de nuez

Sal y pimienta negra al gusto

Método

El horno se precalentará a 190ºC y luego las nueces se colocarán en una

bandeja para hornear y luego se tostarán hasta que estén doradas. Ahora

toma un bol y mezcla las espinacas, las nueces, los arándanos, las cebollas

rojas, el aguacate, el queso azul y los tomates. Cuando esté bien mezclado,

tome otro bol pequeño y mezcle la mermelada, el aceite de nuez, la

pimienta y la sal y el vinagre. Ahora vierte esta mezcla a la ensalada y

mézclalas bien. Antes de servir déjelo enfriar durante una o dos horas.

¡¡Disfrutar!!

Ensalada verde de invierno

Ingredientes

1 manojo de hojas de col, picadas

1 manojo de hojas de col rizada, picadas

1 lechuga romana, cortada

1 cabeza de col lombarda

1 pera

1 cebolla bermuda

1 aguacate, pelado y cortado en cubitos

2 zanahorias ralladas

2-3 cucharadas Pasas

Aceite de oliva

Vinagre

1 cucharadita Cariño

1 cucharadita Orégano

1 cucharadita mostaza de Dijon

1 diente de ajo picado

Granos de pimienta

Método

Tome un tazón grande y mezcle las hojas de berza, la col rizada y las zanahorias ralladas con el repollo, las nueces, los tomates y las pasas y mezcle. Ahora toma otro tazón pequeño y toma el resto de los ingredientes y mézclalos bien. Cuando los ingredientes estén bien mezclados, tome la mezcla y viértala sobre el cuenco de coles y hojas de berza, y cúbralas bien. Por lo tanto, está listo para ser servido.

¡¡Disfrutar!!

Ensalada de tomate y mozzarella

Ingredientes

5 tomates

1 taza de queso mozzarella, cortado en rodajas

2 cucharadas. Aceite de oliva

2 cucharadas. Vinagre balsámico

Sal y pimienta para probar

Hojas frescas de albahaca, cortadas en pedazos

Método

Coloque los tomates y las mozzarellas en un plato para servir y colóquelos de manera alternativa. Ahora se mezcla el aceite, el vinagre, la sal y la pimienta y luego se vierte sobre la fuente. Antes de servir la ensalada, espolvorea las hojas de albahaca sobre la ensalada.

¡¡Disfrutar!!

Ensalada BLT

Ingredientes

1 libra de tocino

1 taza de mayonesa

1 cucharadita Polvo de ajo

Sal y pimienta para probar

1 cabeza de lechuga romana

2 tomates

2 picatostes

Método

Los tocinos se deben cocinar en una sartén a fuego medio hasta que estén dorados uniformemente y luego escurrirlos y dejarlos a un lado. Ahora tome un procesador de alimentos y procese la mayonesa, la leche, el ajo en polvo, la pimienta, hasta que tengan una textura suave. Así queda listo el aderezo de la ensalada. Ahora echa la lechuga, el tocino cocido, los tomates y los picatostes en un bol y luego vierte el aderezo y cúbrelos adecuadamente. Antes de servir déjelo enfriar durante una o dos horas.

¡¡Disfrutar!!

Ensalada hermosa

Ingredientes

1 manojo de hojas de espinaca baby

2 cebollas rojas

1 lata de mandarinas, escurridas

1 taza de arándanos, secos

½ taza de queso feta, desmenuzado

1 taza de mezcla de aderezo para ensaladas con vinagreta

Método

Lleva todos los ingredientes, excepto la mezcla de aderezo para ensaladas, a un tazón grande y mézclalos bien. Cuando los ingredientes estén bien mezclados, espolvoree la mezcla de aderezo para ensaladas sobre el tazón de ensalada y así la hermosa ensalada estará lista para ser servida.

¡¡Disfrutar!!

Ensalada de mandarina y almendras

Ingredientes

1/2 libra de tocino

2 cucharaditas vinagre de vino blanco

1 cucharadita Cariño

1 cucharadita Mostaza picante

1 cucharadita Sal de apio

1 cucharadita Pimenton

1 lechuga de hoja roja

1 lata de mandarinas, escurridas

2 cebollas verdes, cortadas en gajos

1 taza de almendra plateada

Método

Coge una sartén y cocina el tocino, cubriéndolos, hasta que se pongan de color marrón. Para preparar el aderezo para ensaladas, licúa la miel, el vinagre, la mostaza con la sal de apio, el pimentón y el aceite de oliva. A continuación, echa la lechuga, las naranjas, el tocino cocido y las almendras plateadas en un bol y luego vierte el aderezo para ensalada y mézclalos bien para que queden bien cubiertos. Antes de servir la ensalada, déjala enfriar durante una hora.

¡¡Disfrutar!!

Ensalada de atún y mandarina

Ingredientes

Aceite de oliva

1 lata de atún

1 paquete de verduras tiernas mixtas

1 manzana granny smith, pelada y picada

1 lata de mandarinas

Método

Calentar el aceite de oliva y saltear el atún hasta que esté completamente cocido. Ahora toma un bol y mezcla las lechugas con el atún salteado, las manzanas y las naranjas. Así, la ensalada está lista para servir.

¡¡Disfrutar!!

Ensalada de macarrones con atún

Ingredientes

1 paquete de macarrones

2 latas de atún

1 taza de mayonesa

Sal y pimienta para probar

1 pizca de ajo en polvo

1 pizca de orégano seco

1 cebolla, finamente picada

Método

Llevar agua con sal a una olla y llevar a ebullición y luego agregar los macarrones y cocinarlos, después de cocinarlos escurrir los macarrones y luego enfriar. Ahora las latas de atún se mezclan con los macarrones cocidos y luego se agrega la mayonesa y se mezclan bien. Ahora agrega el resto de los ingredientes a la mezcla y mézclalos bien. Cuando todos los ingredientes estén mezclados, déjelos enfriar durante una o dos horas. Así, la deliciosa ensalada de atún está lista para servir.

¡¡Disfrutar!!

Ensalada asiática

Ingredientes

2 paquetes de fideos ramen

1 taza de almendras blanqueadas y plateadas

2 cucharaditas semillas de sésamo

1/2 taza de mantequilla

1 cabeza de col de Napa, picada

1 manojo de cebolletas picadas

¼ taza de aceite vegetal

2-3 cucharaditas azucar blanca

2 cucharaditas Salsa de soja

Método

Coge una sartén y calienta la mantequilla o la margarina y luego vierte los fideos ramen, las semillas de sésamo y las almendras a fuego lento y cocínalos, hasta que se doren. Cuando estén cocidos, déjelos enfriar. Ahora tome una sartén pequeña y vierta el aceite vegetal, el azúcar y el vinagre y luego déjelos hervir durante aproximadamente un minuto y luego enfríe y cuando esté frío, agregue la salsa de soja. Tome un tazón y luego mezcle todos los ingredientes junto con los fideos ramen cocidos y la mezcla de azúcar y luego mezcle bien. Antes de servir la ensalada, déjela enfriar durante una hora o más.

¡¡Disfrutar!!

Ensalada asiática de pasta con pollo

Ingredientes

1 paquete de pasta Rotelle

2 pechugas de pollo, deshuesadas, cortadas en trozos, cocidas

2-3 cucharadas Aceite vegetal

Sal

2-3 zanahorias, ralladas

1/2 libra de champiñones

1/2 cabeza de brócoli

1/2 cabeza de coliflor

Agua

2 cucharaditas Salsa de soja

2 cucharaditas aceite de sésamo

Método

Ponga agua con sal en una olla y déjela hervir, ahora agregue el paquete de pasta y cocínelos. Cuando esté cocido, escurrir la pasta y reservar. Ahora coge una sartén y cocina las zanahorias con sal hasta que estén crujientes y tiernas. Ahora coge un bol y añade la pasta, las zanahorias con las pechugas de pollo y mézclalas bien. Ahora cocine los champiñones y llévelos al bol y luego agregue el resto de los ingredientes y mezcle bien. Sirve la ensalada fría.

¡¡Disfrutar!!

Ensalada Cobb

Ingredientes

4-5 rebanadas de tocino 2 huevos

1 cabeza de lechuga iceberg

1 pechuga de pollo

2 tomates, en rodajas

¼ taza de queso azul, rallado

2 cebollas verdes, en rodajas

Una botella de aderezo para ensaladas.

Método

Hervir los huevos, pelarlos y picarlos. Fríe el tocino y el pollo por separado

hasta que se doren. Desmoronarse. Justo antes de servir, combine todos los

ingredientes en un tazón grande y mezcle bien. Sirva sin demora.

¡¡Disfrutar!!

Ensalada De Maíz De Rúcula Con Receta De Tocino

Ingredientes

4 callos grandes

2 tazas de rúcula picada

4 tiras de tocino

1/3 taza de cebollas verdes picadas

1 cucharada. aceite de oliva

1 cucharada. vinagre de vino

1/8 cucharadita comino

Sal y pimienta negra

Método

Caliente el maíz, con sus hojas, también en la parrilla para que tenga un sabor ahumado, durante 12-15 minutos. En un recipiente mediano, combine el maíz, la rúcula, el tocino y la cebolla. En un recipiente aparte, bata el vinagre, el aceite, la sal y la pimienta. Mezcle la cobertura con la ensalada justo antes de servir y sirva sin demora.

¡Disfrutar!

Receta de ensalada de guisantes de ojos negros

Ingredientes

2 tazas de guisantes caribeños secos

230 gramos de queso feta

230 gramos de tomates secados al sol

1 taza de aceitunas negras Kalamata

Cebolla verde finamente picada

Diente de ajo picado

1 manojo grande de espinacas picadas

Zumo y ralladura de limón

Método

Cocine los guisantes en agua con sal hasta que estén cocidos. Escurrir y lavar con agua fría. En un bol mezcle todos los ingredientes excepto el jugo de limón. Agregue el jugo de limón justo antes de servir y sirva inmediatamente.

¡Disfrutar!

Receta de Ensalada de Rúcula con Remolacha y Queso de Cabra

Ingredientes

Ingredientes de ensalada:

2 remolachas peladas

Puñado de hojas de rúcula

½ taza de queso de cabra, desmenuzado

½ taza de nueces picadas

Ingredientes del aderezo:

¼ taza de aceite de oliva

½ limón

¼ de cucharadita Mostaza seca en polvo

¾ cucharadita Azúcar

Sal y pimienta

Método

Para el aderezo, combine el ¼ de cucharadita. de mostaza en polvo, ¾

cucharadita. de azúcar, ½ limón y ¼ de taza de aceite de oliva, sal y pimienta

para darle sabor. Combine un puñado de hojas de rúcula, unas julianas de

remolacha, queso de cabra desmenuzado y nueces picadas. Cubra con el

aderezo justo antes de servir. Sirva sin demora.

¡Disfrutar!

Receta de ensalada de col asiática

Ingredientes

1 taza de mantequilla de maní cremosa

6 cucharadas aceite vegetal

½ cucharadita aceite de sésamo tostado

4 cucharadas vinagre de arroz sazonado

4 tazas de repollo en rodajas finas

½ taza de zanahorias ralladas

¼ de taza de maní tostado y pelado

Método

Agregue la mantequilla de maní en un recipiente medio y agregue el aceite de sésamo tostado y bata hasta que esté bien suave. Tostar los cacahuetes para obtener un sabor aún mejor con solo un minuto de tostado. Transfiera los cacahuetes de la sartén a un tazón grande. Mezcle las zanahorias, el repollo y los cacahuetes, y cualquier otro ingrediente que desee agregar y sirva sin demora.

¡Disfrutar!

Receta de ensalada de fideos asiáticos

Ingredientes

280 gramos de fideos chinos

1/3 taza de salsa de soja

3 tazas de floretes de brócoli

115 gramos de brotes de frijol verde

3 cebollas en rodajas finas,

1 pimiento rojo

1/4 repollo voluminoso en rodajas finas

1 zanahoria enorme pelada

Método

Vierta 4 vasos de agua en una olla grande, agregue los fideos chinos. Mezcle

los fideos constantemente mientras se cocinan. Asegúrese de seguir las

instrucciones del paquete de fideos, si usa fideos chinos, deben hacerse

después de 5 minutos de cocción. Escurrir los fideos, lavar con agua fría para

detener la cocción, extender los fideos en una sartén para que se sequen al

aire. Agregue floretes de brócoli y suficiente agua para llegar al nivel de la

vaporera. Tape y cocine al vapor durante 4 minutos. Combine todos los

ingredientes en un bol. Sirva sin demora.

¡Disfrutar!

Receta de ensalada de espárragos y alcachofas

Ingredientes

1 cebolla grande en rodajas finas

3 cucharadas jugo de limon

450 gramos de espárragos gruesos

2 cucharadas. aceite de oliva

1 cucharadita polvo de ajo

1 pinta de uva

Método

Primero sumerja las cebollas en rodajas en el jugo de limón y ase los

espárragos en un horno precalentado a 400 grados F. Para los espárragos

agregue 1 cucharada. de aceite de oliva y salarlos bien. Coloque en una sola

capa en una cacerola para asar forrada con papel de aluminio y cocine por

10 minutos hasta que esté ligeramente dorado. Para asar los espárragos,

organiza tu parrilla de carbón a temperatura alta, entre 5 y 10 minutos.

Retire los espárragos de la parrilla y córtelos en trozos pequeños, coloque

los espárragos y todos los ingredientes en un tazón grande y mezcle para

combinar y sirva sin demora.

¡Disfrutar!

Ensalada de Espárragos con Receta de Camarones

Ingredientes

450 gramos de espárragos

226 gramos de camarones para ensalada rosa

¼ de taza de aceite de oliva extra virgen

1 diente de ajo picado

1 cucharada. jugo de limon

1 cucharada. perejil picado

Sal y pimienta negra

Método

Ponga a hervir una olla promedio de agua. Agrega los espárragos al agua hirviendo y deja hervir durante 3 minutos. Si están precocidos, retírelos después de 30 segundos. Si los camarones están crudos, hiérvalos durante 3 minutos, hasta que estén bien cocidos. Retire los camarones y agréguelos a un tazón grande. Cortar los espárragos finamente en diagonal. Corta las puntas de los espárragos en una sola pieza. Agregue los ingredientes restantes y mezcle para combinar. Agrega sal y pimienta negra al gusto. Agregue más jugo de limón si lo desea, al gusto y sirva sin demora.

¡Disfrutar!

Receta de Ensalada de frutas de durazno y arándanos con tomillo

Ingredientes

4 melocotones

4 nectarinas

1 taza de arándanos

2 cucharaditas de tomillo fresco picado

1 cucharadita de jengibre rallado

¼ de taza de jugo de limón

1 cucharadita de ralladura de limón

1/2 taza de agua

¼ de taza de azúcar

Método

Coloque el agua y el azúcar en una cacerola y caliente a fuego lento y el

líquido de cocción se reduce a la mitad en almíbar simple, deje enfriar. Pica

las nectarinas y los melocotones y añádelos en un recipiente con los

arándanos. Vierta sobre el almíbar enfriado. Agregue la ralladura de limón,

el tomillo, el jugo de limón y el jengibre. Licuar y tapar con film

transparente, colocar en el frigorífico y dejar macerar durante una hora.

Sirva sin demora.

¡Disfrutar!

Receta de ensalada de brócoli

Ingredientes

sal

6 tazas de floretes de brócoli

1/2 taza de almendras tostadas

1/2 taza de tocino cocido

¼ de taza de cebolla picada

1 taza de guisantes congelados descongelados

1 taza de mayonesa

vinagre de sidra de manzana

¼ de taza de miel

Método

Traiga una olla enorme de agua, salada con una cucharadita. de sal, a fuego lento. Agrega los floretes de brócoli. Cocine 2 minutos, dependiendo de lo crujiente que desee el brócoli. 1 minuto hará que el brócoli se vuelva de un color verdoso brillante y lo dejará todavía bastante crujiente. Configure su regulador y no cocine por más de 2 minutos. Combine los floretes de brócoli, el tocino desmenuzado, las almendras, la cebolla picada y los guisantes en un recipiente grande para servir en un recipiente para pudín separado, mezcle la mayonesa, el vinagre y la miel y voltee para mezclar bien, enfríe bien antes. Sirva sin demora.

¡Disfrutar!

Receta de ensalada de brócoli con aderezo de arándano y naranja

Ingredientes

2 cucharadas. vinagre balsámico

½ taza de arándanos rojos endulzados secos

2 cucharaditas mostaza de grano entero

2 cucharadas. vinagre de vino tinto

1 diente de ajo

½ taza de jugo de naranja

2-3 rodajas de ralladura de naranja

Sal kosher

6 cucharadas aceite vegetal

¼ de taza de mayonesa

½ cabeza de repollo

2-3 cebollas verdes

¼ taza de arándanos secos

2-3 rodajas de ralladura de naranja

Método

Agregue el vinagre de vino tinto y el vinagre balsámico, la mostaza, los arándanos secos, la miel, el ajo, el jugo de naranja, la ralladura de naranja y la sal en un procesador de alimentos y presione hasta que quede suave. Agregue gradualmente el aceite vegetal, mientras licúa, para formar una buena mezcla. Luego agregue la mayonesa y pulse hasta que se combinen. Agregue los tallos de brócoli rallados, las zanahorias, los arándanos secos, la ralladura de naranja y la sal kosher en un tazón para mezclar. Agregue el aderezo y revuelva para combinar, hasta que el aderezo se distribuya uniformemente. Sirva sin demora.

¡Disfrutar!

Ensalada de aguacate con tomates heirloom

Ingredientes

1 1/2 aguacates en rodajas y pelados

1 1/2 tomates, en rodajas

2 cebollas verdes en rodajas o cebolletas frescas picadas

Jugo de limón de una rodaja

Una pizca de sal gruesa

Método

Colocar rodajas de aguacate y tomate en un plato. Rocíe el jugo de limón sobre las cebolletas y sal gruesa. Retire el hueso de la mitad de un aguacate que aún tenga la piel y retire su pulpa en un bol. Agregue el tomate y las cebolletas preparadas y mezcle bien. Sirva sin demora.

¡Disfrutar!

Receta de ensalada de frutas cítricas con cardamomo

Ingredientes

1 pomelo rosa rubí enorme

3 combinación de naranjas de ombligo o naranjas de ombligo o mandarina, naranjas sanguinas y / o mandarinas

¼ de taza de miel

2 cucharadas. jugo de limón o lima fresco

1/4 cucharadita de cardamomo molido

Método

Primero pele la fruta, corte las membranas de los gajos con un cuchillo

afilado. Reúna los gajos pelados en un recipiente adicional. Conduzca el jugo

sobrante de la fruta a una cacerola diminuta. Agregue la miel, el jugo de

limón y el cardamomo a la cacerola. Hervir durante 10 minutos y luego

retirar del fuego y dejar enfriar a temperatura ambiente. Deje reposar

durante 15 minutos o póngalo en hielo hasta que esté listo. Sirva sin

demora.

¡Disfrutar!

Receta de ensalada de alcaparras y maíz

Ingredientes

6 mazorcas de maíz dulce

¼ de taza de aceite de oliva

vinagre de jerez

pimienta negra

1 ½ cucharadita. sal kosher

½ cucharadita azúcar

3 tomates sin semillas picados

½ taza de cebolletas en rodajas

230 gramos de mozzarella fresca

hojas de albahaca

Método

Coloque su parrilla a fuego alto y coloque las mazorcas de maíz en sus hojas directamente sobre la parrilla. Cocine durante 15 minutos, no es necesario sumergir el maíz en agua primero si el maíz está fresco. Si desea quemar un poco el maíz, primero retire algunas de las hojas de maíz externas, para que haya menos capa protectora alrededor del maíz. Tome un tazón grande y mezcle el maíz, la mozzarella, las cebolletas, los tomates y el aderezo. Justo antes de servir, agregue la albahaca recién cortada. Sirva sin demora.

¡Disfrutar!

Ensalada De Raíz De Apio

Ingredientes

½ taza de mayonesa

2 cucharadas. mostaza, Dijon

1 cucharada. jugo de limon

2 cucharadas. perejil picado

545 g de raíz de apio en cuartos, pelada y rallada en partes iguales justo antes de mezclar

½ tarta de manzana verde, pelada, sin corazón y en juliana

Sal y pimienta molida

Método

Combine la mayonesa con la mostaza junto con el jugo de limón y el perejil en un bol. Arrugar la raíz de apio con la manzana y sazonar con sal y pimienta, envolver y refrigerar hasta que se enfríe, 1 hora.

¡Disfrutar!

Ensalada de tomate cherry, pepino y queso feta

Ingredientes

2 o 3 tazas de tomates cherry, cortados en dos mitades

1 taza de pepino picado, pelado

1/4 taza de queso feta desmenuzado

1 cucharada. hojas de menta chifonadas

1 cucharada. orégano, fresco, picado

1 cucharada. jugo de limon

2 cucharadas. chalotes o cebollas verdes, finamente picadas

2 cucharadas. aceite de oliva

Sal

Método

Mezcle suavemente los tomates cherry junto con el pepino, el queso, la

cebolla, la menta y el orégano. Adorne con jugo de limón y sal y pimienta

junto con aceite de oliva.

¡Disfrutar!

Receta de Ensalada de Pepino con Menta y Feta

Ingredientes

453 gramos de pepinos, en rodajas finas

¼ de cebolla morada en rodajas finas y cortada en gajos extensos de 1 pulgada

2-3 rábanos rojos en rodajas finas

10 hojas de menta en rodajas finas

vinagre blanco

Aceite de oliva

¼ de libra de queso feta

pimienta recién molida y sal

Método

En un tazón de tamaño medio, mezcle suavemente los pepinos en rodajas, las hojas de menta, los rábanos, la cebolla morada con un poco de vinagre blanco y aceite de oliva, sal y pimienta recién molida para darle sabor. Justo antes de servir, agite sobre los trozos de queso feta desmenuzado. Sirva inmediatamente antes de cualquier retraso.

¡Disfrutar!

Receta de ensalada de tomate cherry y orzo

Ingredientes

230 gramos de pasta orzo

Sal y pimienta negra al gusto

1 pinta en rodajas en medio tomates cherry rojos

1 pinta, cortada en medio tomates cherry amarillos

¼ de taza de aceite de oliva

230 gramos de queso feta desmenuzado

1 pepino enorme picado y pelado

2 cebollas verdes en rodajas finas

orégano fresco picado

Método

Llene una olla grande con agua y déjela hervir. Agrega el orzo, revolviendo para que no se pegue al fondo de la sartén. Cocine a fuego alto hasta que esté al dente, maduro, pero aún un poco resuelto. Mezclar con el resto de los ingredientes los tomates, el orégano, el queso feta, las cebolletas, el pepino y la pimienta negra. Sirva sin demora.

¡Disfrutar!

Receta de Ensalada de Pepino con Uvas y Almendras

Ingredientes

¼ de taza de almendras picadas

1 libra de pepinos pelados

sal

1 cucharadita ajo picado

20 uvas verdes en rodajas

2 cucharadas. aceite de oliva

1 jerez o vinagre de vino blanco

2 cucharaditas cebollino picado, para decorar

Método

Corta los pepinos a lo largo. Use una cuchara para sacar las semillas en el medio, deseche las semillas. Si usa pepinos un poco grandes, córtelos de nuevo a lo largo. Mezclar para cubrir uniformemente la sal sobre el pepino. Tuesta las almendras en rodajas en una sartén pequeña a fuego lento, voltéalas con frecuencia y retíralas en un tazón para que se enfríen. Mezcle las almendras, pepinos, uvas, ajo, aceite de oliva y vinagre en un tazón grande y agregue más sal al gusto. Adorne con cebollino y sirva sin demora.

¡Disfrutar!

Receta de ensalada de quinua y pepino, menta

Ingredientes

1 taza de quinua

2 tazas de agua

½ cucharadita sal kosher

1 pepino grande pelado

¼ de taza de menta en rodajas finas

1 cebolla verde finamente rebanada

4 cucharadas vinagre de arroz

aceite de oliva

1 aguacate pelado

Método

Coloque la quinua en una cacerola mediana, vierta agua. Agrega media cucharadita. de sal, disminuir a fuego lento. Deje que la quinua cocida se enfríe a temperatura ambiente. Puede enfriar la quinua rápidamente extendiéndola sobre una bandeja para hornear. Corta el pepino en rodajas largas. Agite con vinagre de arroz condimentado y voltee de nuevo. Doble suavemente el aguacate picado si lo usa y sirva sin demora.

¡Disfrutar!

Receta de cuscús con pistachos y albaricoques

Ingredientes

½ taza de cebolla morada picada

¼ de taza de jugo de limón

1 caja de cuscús

2 cucharadas. aceite de oliva

½ taza de pistachos crudos

10 albaricoques secos picados

1/3 taza de perejil picado

Método

Pon la cebolla picada en un bol pequeño. Vacíe el jugo de limón sobre las

cebollas reservadas y déjelas remojar en el jugo de limón. Tuesta los

pistachos en una sartén pequeña a fuego lento hasta que se doren. Pon 2

tazas de agua en una cacerola mediana y deja hervir. Agrega una cucharada.

de aceite de oliva y una cucharadita. de sal al agua; agregue el cuscús y

cocine tapado durante 5-6 minutos. Agregue los pistachos, los albaricoques

picados y el perejil. Incorpora la cebolla morada y el jugo de limón. Sirva sin

demora.

¡Disfrutar!

Receta de ensalada de col

Ingredientes

½ repollo, en rodajas

½ zanahoria en rodajas

2-3 cebollas verdes, en rodajas

3 cucharadas Mayonesa

½ cucharadita Mostaza amarilla

2 cucharadas. Vinagre de arroz

Azúcar al gusto

Sal y pimienta para probar

Método

Combine todas las verduras en rodajas en un tazón. Para hacer el aderezo, mezcle la mayonesa, la mostaza amarilla y el vinagre de arroz. Justo antes de servir, rocíe el aderezo sobre las verduras y espolvoree con un poco de sal, pimienta y azúcar. Sirva sin demora.

¡Disfrutar!

Receta de ensalada fría de guisantes

Ingredientes

453 gramos de guisantes pequeños congelados, no descongelar

170 gramos de almendras ahumadas, picadas, enjuagadas para quitar el exceso de sal, preferiblemente a mano

½ taza de cebollas verdes picadas

230 gramos de castañas de agua picadas

2/3 taza de mayonesa

2 cucharadas. polvo de curry amarillo

Sal al gusto

Pimienta al gusto

Método

Combine las cebollas verdes congeladas, los guisantes, las almendras y las castañas de agua. Combine la mayonesa y el curry en polvo en un tazón para mezclar aparte. Doble suavemente la combinación de mayonesa en guisantes. Espolvoree sal y pimienta negra recién molida para darle sabor. Sirva sin demora.

¡Disfrutar!

Receta de ensalada de yogur de pepino

Ingredientes

2 pepinos pelados y luego en rodajas, cortados en cuartos a lo largo

1 taza de yogur natural

1 cucharadita un par de cucharaditas, o eneldo seco de eneldo fresco

Sal al gusto

Pimienta al gusto

Método

Primero pruebe los pepinos para asegurarse de que no estén ácidos. Si el pepino está agrio, remoje las rodajas de pepino en agua con sal durante media hora o más, hasta que se pierda el amargor, luego enjuague y escurra antes de usar. Para preparar la ensalada, simplemente combine suavemente los ingredientes. Sacuda o espolvoree sal y espolvoree pimienta para darle sabor. Sirva sin demora.

¡Disfrutar!

Receta de ensalada griega de papá

Ingredientes

6 cucharadas aceite de oliva

2 cucharadas. jugo de limon fresco

½ cucharadita ajo fresco picado

4 cucharadas de vinagre de vino tinto

½ cucharadita Orégano seco

½ cucharadita eneldo

Sal y pimienta negra recién molida

3 tomates ciruela voluminosos sin semillas

¾ pepino pelado y picado en trozos grandes

½ cebolla morada pelada y picada

1 pimiento picado grueso

½ taza de aceitunas negras picadas y sin hueso

1/2 taza de queso feta desmenuzado

Método

Mezcle el vinagre, el aceite de oliva, el ajo, el jugo de limón, el orégano y el eneldo hasta que se mezclen. Sazone al gusto con sal y pimienta negra recién molida. Combine los tomates, junto con el pepino, la cebolla, el pimiento morrón y las aceitunas en un tazón. Espolvoree el queso y sirva sin demora.

¡Disfrutar!

Receta de ensalada de papa de papá

Ingredientes

4 papas Russet medianas peladas

4 cucharadas jugo de encurtidos de eneldo kosher

3 cucharadas encurtidos de eneldo finamente picados

¼ taza de perejil picado

½ taza de cebolla morada picada

2 tallos de apio

2 cebolletas picadas

½ taza de mayonesa

2 cucharaditas mostaza de Dijon

Sal kosher y pimienta negra molida para darle sabor.

Método

Ponga las patatas peladas y cortadas en una olla grande. Cubra con una

pulgada de agua con sal. Ponga la olla con agua a hervir. Cocine a fuego

lento durante 20 minutos hasta que estén tiernos. Retirar de la olla, dejar

enfriar hasta que esté tibio. Agregue el apio, el perejil, las cebolletas y el

huevo duro, las zanahorias y el pimiento rojo. Parte pequeña de la

palangana, licúa la mayonesa con la mostaza. Espolvorea sal y pimienta al

gusto. Sirva sin demora.

¡Disfrutar!

Receta de ensalada de endivias con nueces, peras y gorgonzola

Ingredientes

3 cabezas de endivias en rodajas primero a lo largo, luego transversalmente en rodajas de ½ pulgada

2 cucharadas. nueces picadas

2 cucharadas. gorgonzola desmenuzado

1 pera Bartlett sin corazón y picada,

2 cucharadas. aceite de oliva

2 cucharaditas vinagre de cidra

Espolvoree sal kosher y pimienta negra recién molida.

Método

Ponga la endibia picada en un bol grande. Agrega el gorgonzola

desmenuzado, las nueces y las peras picadas, pica las peras y las nueces más

finamente. Voltee para combinar, rocíe aceitunas sobre la ensalada con un

poco de queso azul desmenuzado en las hojas de endivias, como para llenar

botes pequeños, como aperitivo. Espolvoree vinagre de sidra sobre la

ensalada. Mezcle para combinar. Sazone al gusto con un batido de sal y

pimienta. Sirva sin demora.

¡Disfrutar!

Receta de ensalada de hinojo con vinagreta de menta

Ingredientes

1 bulbo de hinojo enorme

1 ½ cucharadita. azúcar

Jugo de 2 limones

¼ taza de aceite de oliva

½ cucharadita mostaza

½ cucharadita sal

1 manojo de menta fresca picada

2 chalotas picadas

Método

Armar la vinagreta. Coloque el jugo de limón, la cebolla, la sal, la mostaza, el azúcar y la menta en una batidora y presione brevemente para combinar. Con el motor en marcha, añada el aceite de oliva hasta que esté bien combinado. Con una mandolina, afeite el hinojo en una pieza de 1/8 de pulgada comenzando desde la parte inferior del bulbo. No se preocupe por descorazonar el bulbo de hinojo, se puede prevenir. Si no tienes una mandolina, corta el bulbo lo más fino que puedas. Corta también algunas de las hojas de hinojo para darle la vuelta a la ensalada. Sirva sin demora.

¡Disfrutar!

Receta de ensalada de hinojo, radicchio y endivias

Ingredientes

Ensalada

1 cabeza de achicoria

3 endivias belgas

1 bulbo de hinojo enorme

1 taza de queso parmesano rallado grueso

Vendaje

3 cucharadas hojas de hinojo

½ cucharadita mostaza

3 cucharaditas cebolla picada

2 cucharadas. jugo de limon

1 cucharadita sal

1 cucharadita azúcar

1/3 taza de aceite de oliva

Método

Corta la cabeza de achicoria por la mitad y luego en cuartos. Tome cada cuarto y corte rodajas de aproximadamente media pulgada de grosor transversalmente en la achicoria desde el extremo hacia el centro. Corta rodajas finas de cada cuarto hacia el centro. Mezcle todas las verduras cortadas en un bol grande con el parmesano rallado. Agregue el jugo de limón, la mostaza, la cebolla, la sal y el azúcar. Rocíe el aceite de oliva y haga puré con el aderezo durante 45 segundos. Sirva sin demora.

¡Disfrutar!

Ensalada festiva de remolacha y cítricos con receta de col rizada y pistachos

Ingredientes

10 mezcla de remolacha roja

3 naranjas sanguinas

1 manojo de col rizada en rodajas finas

1 taza de pistachos tostados, picados en trozos grandes

¼ taza de hojas de menta picadas

3 perejil italiano picado

Vendaje:

2 cucharadas. jugo de limon

1/2 taza de aceite de oliva virgen extra de calidad

2 alcaparras picadas en trozos grandes

Sal y pimienta al gusto

Método

Cocine las remolachas por separado por color. Coloque cada lote de remolacha en un recipiente y cúbralo con aproximadamente una pulgada de agua. Agregue una cucharadita. de sal. Mientras se cuecen las remolachas, organiza el aderezo. Coloque todos los ingredientes del aderezo en un recipiente y agite hasta que se mezclen bien. Preparar la ensalada colocando la remolacha, el perejil, sobre la col rizada, espolvoreando con los pistachos tostados picados. Sirva cubierto con el aderezo preparado.

¡Disfrutar!

Receta de ensalada de remolacha dorada y granada

Ingredientes

3 remolachas de pelo dorado

1 taza de cebolla morada picada

¼ taza de vinagre de vino tinto

¼ taza de caldo de pollo

1 taza de azucar

½ cucharadita cáscara de naranja rallada

¼ de taza de semillas de granada

Método

Cocine las remolachas y ásalas a 375 grados F durante una hora y déjelas enfriar. Despelar y picar en cubos de media pulgada. En una sartén de tamaño mediano a fuego alto, la cebolla, el vinagre, el caldo, el azúcar y la cáscara de naranja y deje hervir, revolviendo con frecuencia, hasta que el líquido se reduzca a cucharadas, aproximadamente 5 minutos. Mezcle semillas de granada en la combinación de remolacha y sal para darle sabor. Sirva sin demora.

¡Disfrutar!

Deliciosa ensalada de maíz y frijoles negros

Ingredientes

1 cucharada. más 3 cucharadas. aceite de oliva

1/2 cebolla picada

1 taza de granos de maíz, de aproximadamente 2 mazorcas de maíz

12 cucharadas cilantro picado

1 taza de 15 1/2 oz. lata de frijoles negros, escurridos y enjuagados

1½ tomates, alrededor de 0.5 lbs., Sin corazón, sin semillas y picados

1 ½ cucharada. vinagre de vino tinto

1 cucharadita mostaza de Dijon

Sal y pimienta

Método

Mantenga su horno para precalentar a 400 grados F. Coloque 1 cucharada. aceite en una sartén refractaria y calienta a fuego alto. Sofría las cebollas hasta que estén tiernas. Agregue los granos de maíz y siga revolviendo hasta que estén suaves. Coloque la sartén en el horno precalentado y ase hasta que las verduras se doren, revolviendo con frecuencia. Esto le llevará unos 20 minutos. Retirar inmediatamente en un plato y dejar enfriar. Coloque la mezcla de maíz enfriada en un tazón y agregue los tomates, el cilantro y los frijoles y mezcle bien. En un tazón pequeño vierta el vinagre, la mostaza, la pimienta y la sal y mezcle bien hasta que la sal se disuelva. Agregue lentamente las 3 cucharadas. aceite y sigue batiendo hasta que todos los ingredientes estén bien incorporados. Vierta este aderezo sobre la mezcla de maíz y sirva inmediatamente.

¡Disfrutar!

Ensalada de ensalada de brócoli crujiente

Ingredientes

4 rebanadas de tocino

1/2 brócoli de cabeza grande

1/2 cebolla morada pequeña, picada, 1/2 taza

3 cucharadas Pasas doradas

3 cucharadas mayonesa

1 ½ cucharada. vinagre balsámico blanco

2 cucharadas. cariño

Sal y pimienta

Método

Dorar las rodajas de tocino en una sartén hasta que estén crujientes. Escurrir sobre una toalla de cocina y desmenuzarlo en trozos de media pulgada. Manténgase a un lado. Separe los floretes del brócoli y corte el tallo en trozos pequeños. Colocar en un bol grande y mezclar con las pasas y la cebolla. En otro tazón combine el vinagre y la mayonesa y mezcle hasta que quede suave. Vierta la miel y sazone con sal y pimienta. Justo antes de servir, vierta el aderezo sobre la mezcla de brócoli y revuelva para cubrir. Cubra con el tocino desmenuzado y sirva inmediatamente.

¡Disfrutar!

Ensalada estilo bistró

Ingredientes

1 ½ cucharada. nueces finamente picadas

2 huevos grandes

Spray para cocinar

1 rebanada de tocino, sin cocer

4 tazas de hojas verdes para ensalada gourmet

2 cucharadas, 0.5 onzas de queso azul desmenuzado

1/2 pera Bartlett, sin corazón y en rodajas finas

½ cucharada. vinagre de vino blanco

1/2 cucharada aceite de oliva virgen extra

1/4 cucharadita estragón seco

1/4 cucharadita mostaza de Dijon

2 rebanadas de pan francés baguette de 1 pulgada de grosor, tostadas

Método

Asa las nueces en una sartén pequeña hasta que un aroma inunde la cocina.

Esto debería tomar alrededor de 3-4 minutos cuando se cocina a fuego alto.

Retirar y reservar. Rocíe 2 tazas de crema pastelera de 6 onzas con el aceite

en aerosol. Rompe un huevo en cada taza de crema pastelera. Con una

envoltura de plástico, cúbralos y cocine en el microondas a temperatura alta

durante 40 segundos o hasta que los huevos estén listos. Dejar reposar

durante 1 minuto y retirar sobre una toalla de papel. Dorar el tocino en una

sartén hasta que esté crujiente. Escurrir y desmenuzar. Reserva la grasa. En

un tazón grande, mezcle el tocino desmenuzado, las nueces tostadas, las

lechugas, el queso azul y la pera. En otro tazón pequeño, combine

aproximadamente 1 cucharadita. de grasa, vinagre, aceite, estragón y

mostaza y batir hasta que se combinen. Justo antes de servir, rocíe el

aderezo sobre la ensalada y sirva cubierto con el huevo y la baguette

francesa a un lado.

¡Disfrutar!

Lightning Source UK Ltd.
Milton Keynes UK
UKHW022228080621
385174UK00002B/210